¡Ya tienes teléfono!

(Ahora lee este libro)

Elizabeth K. Englander, Ph.D.,
y Katharine Covino, Ed.D.

Ilustraciones de Steve Mark

Library of Congress Cataloging-in-Publication Data
Names: Englander, Elizabeth Kandel, author. | Covino, Katharine, author. | Mark, Steve, illustrator.
Title: ¡Ya tienes teléfono! : (ahora lee este libro) / Elizabeth K. Englander, Ph.D., y Katharine Covino, Ed.D. ; illustraciones de Steve Mark.
Other titles: You got a phone! Spanish
Description: Minneapolis, MN : Free Spirit Publishing, [2024] | Series: Laugh & learn | Includes bibliographical references and index. | Audience: Ages 8-13
Identifiers: LCCN 2023040672 (print) | LCCN 2023040673 (ebook) | ISBN 9798885545204 (paperback) | ISBN 9798765970553 (ebook)
Subjects: LCSH: Smartphones and children--Juvenile literature. | Smartphones--Psychological aspects--Juvenile literature. | Smartphones--Social aspects--Juvenile literature. | Children--Effect of technological innovations on--Juvenile literature.
Classification: LCC HQ784.S54 E5418 2024 (print) | LCC HQ784.S54 (ebook) | DDC 004.167083--dc23/eng/20230902
LC record available at https://lccn.loc.gov/2023040672
LC ebook record available at https://lccn.loc.gov/2023040673

Editado por Eric Braun y Christine Zuchora-Walske
Diseño de portada e interior de Emily Dyer
Ilustraciones de Steve Mark

Printed by: 70548
Printed in: China
PO#: 9170

Free Spirit Publishing
Un sello de Teacher Created Materials
9850 51st Avenue North, Suite 100
Minneapolis, MN 55442
(612) 338-2068
help4kids@freespirit.com
freespirit.com

Dedicatoria

Dedicamos este libro a nuestros seis hijos,
que nos ayudaron a entender los inconvenientes
y las bondades de tener teléfono a su edad.

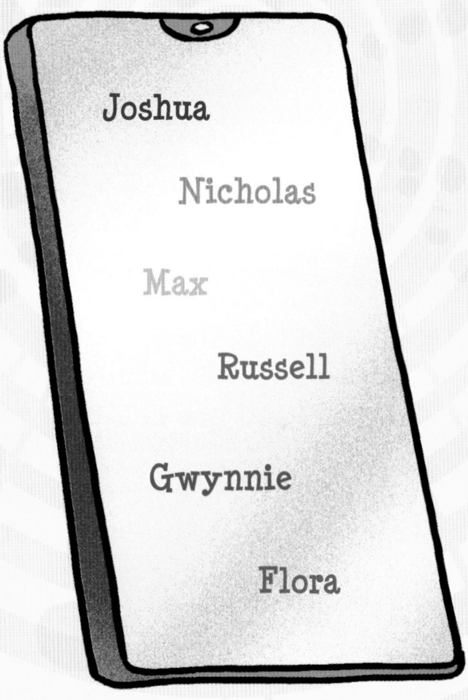

Tabla de contenido

Capítulo 1

Tu teléfono nuevo es espectacular... pero tiene sus peros

A veces es bueno llegar último. ¡La última persona que secuestran los extraterrestres! ¡La última persona que se comen los zombis!

Pero otras veces apesta... ¡literalmente! ¿Alguna vez has quedado último en la fila para ir al baño en un campamento? ¿Recuerdas el olor? ¡Seguro que no era muy agradable!

Y quizá crees que fuiste la última persona del mundo en tener su propio teléfono. Tal vez esa espera te pareció de lo más fastidiosa. Pero, bueno, ya está. La espera terminó porque...

¡por fin tienes teléfono!

¡Ya puedes mensajearte con tus amigos! ¡Ya puedes chatear con aplicaciones, grabar videos de música y jugar! ¡Puedes tener cada vez más seguidores! ¡Puedes ver videos sobre los perezosos de tres dedos y dejar boquiabiertos a tus amigos con tus nuevos conocimientos!

Puedes tomar fotos RI-DÍ-CU-LAS y enviarlas. Una foto de tu perro con lazos en las orejas y un tutú. Una de tu hermana durmiendo en el auto, con un hilo de baba que le cae por el mentón. Una de ti con tus amigos (y tu gato) en la que aplicaste todo tipo de filtros de Instagram. Puedes escuchar música, seguir a tus deportistas favoritos, investigar sobre submarinos nucleares, aprender a reparar tu bici y mucho más. Tienes el mundo en tus manos. Y todo porque...

Hay PEROS que traen cola

Aunque no hayas tenido que esperar mucho o no te haya parecido que fuiste el último en tener un teléfono, igual es bastante emocionante. Sin embargo, cuando se trata de teléfonos, ese entusiasmo viene con peros que traen cola.

Tu nuevo teléfono es divertidísimo, PERO...

Algunos niños y adolescentes sienten que el teléfono les absorbe muchísimo tiempo y atención, como si fuera un gran agujero negro digital. El teléfono les genera un interés tan intenso que empiezan a dejar de lado otras cosas, como hacer las tareas del hogar y de la escuela, jugar con su mascota y pasar tiempo con sus amigos y su familia.

Tu teléfono es muy práctico, PERO...

A veces, causa problemas. Los amigos tienen malentendidos o se enojan por algo que no sería gran cosa en persona. Hay ocasiones en las que pareciera que enviar el emoji equivocado podría desencadenar la próxima guerra mundial.

Tu teléfono te permite dar rienda suelta a la creatividad, PERO...

Es fácil cometer errores que terminan hiriendo a otra persona o haciéndote mal a ti. A veces, compartes una foto que no deberías tener o dices algo de lo que luego te arrepientes.

Tu teléfono es sumamente útil, PERO...

El precio de esa utilidad es que pierdes parte de tu privacidad. Esto puede ser un problema grave, así que te conviene aprender algo sobre el tema.

No puedes pedalear en el teléfono, PERO...

Resulta que tener un teléfono es como tener una bici: es algo que debes aprender a usar.

¿Qué? ¿No nos crees? Has usado teléfonos, tabletas, computadoras y otros dispositivos toda la vida... ¿qué es lo que tienes que aprender?

Para empezar, debes aprender a evitar inconvenientes y a no meterte en problemas. Si aprendes a usar el teléfono, lo aprovecharás al máximo y disfrutarás de todo lo que ofrece. De eso se trata este libro. Y, por suerte para ti, aprender esas cosas no tiene por qué ser aburrido. Si alguna vez viste a un adulto aprender a hacer *snowboard*, sabrás que puede ser divertidísimo.

DATO FASCINANTE

¿Sabías que tu teléfono es una computadora más potente que la que tenía el Apolo que llevó a las primeras personas a la Luna, allá por 1969? De hecho, su capacidad de procesamiento es unas 100,000 veces superior... ¡y todo eso lo tienes en la palma de la mano!

Está bien, tal vez no mandes a nadie a la Luna. Pero seguro mandarás algunos mensajes cruciales. Quizá, un intercambio parecido al de Jane y Jamal:

Todos los capítulos de este libro son para ayudarte a ser tú quien controla el teléfono, y no al revés.

Además, también hay algunas cosas raras sobre pasteles voladores... ¡ya verás!

Reglas y libertades al usar el teléfono

Tus padres *, o quienes te hayan dado el teléfono, quizá ya te han dicho cuáles son las reglas para usarlo. Tal vez hayas firmado un contrato o un acuerdo en el que prometiste seguir esas reglas. Las reglas pueden ser duras, como un pollo demasiado cocido. Pero es bastante útil tener claro qué HACER y qué EVITAR. Así sabrás qué está bien y qué no. Sabrás cuándo puedes usar el teléfono y cuánto tiempo. No te meterás en problemas y conservarás tu libertad: la libertad de usar el teléfono.

* Cuando veas la palabra *padres* en este libro, piensa en quien te cuida. Puede ser tu mamá, tu papá, tu madrastra, tu padrastro, tu madre o padre de acogida, tu abuelo, tu abuela o cualquier otro adulto, sea de la familia o no. Piensa en la persona que tiene la máxima responsabilidad sobre ti, la que probablemente te ha dado ese hermoso teléfono.

Si tus padres aún no te han explicado esto, en la próxima página hay seis pautas que puedes seguir por tu cuenta. Considera que son las reglas básicas de comportamiento con el teléfono. Seguir estas pautas te permitirá (a) estar seguro en internet y mantener un equilibrio sano en tu vida; (b) dejar a tus padres más tranquilos que vaca en feria vegana; y (c) asegurarte de que te dejen seguir usando ese hermoso teléfono nuevo.

6 REGLAS BÁSICAS

1 Sean cuales fueran las condiciones que pusieron tus padres para usar el teléfono, acéptalas. No las discutas, aunque te parezcan injustas o demasiado estrictas. Una vez que les demuestres lo responsable que eres, podrás pensar en pedirles que cambien algo.

2 Primero, la tarea de la escuela; segundo, las tareas de la casa; y tercero, quizá, la pantalla. Si tus padres están de acuerdo. Si haces las tareas de la escuela y de la casa, les demostrarás a tus padres que puedes asumir la responsabilidad de tener un teléfono.

3 Si tus padres te llaman o te mandan un mensaje, responde. Es respeto básico. (Si no puedes atender en ese momento, por ejemplo, porque estás en el cine o en clase, comunícate con ellos lo antes posible).

Recuerda que tu teléfono está conectado a internet, así que debes tener cuidado. No entres a sitios web que sabes que no deberías ver. No hagas clic en enlaces que digan que ganarás un premio por ser el visitante número 100. Si un desconocido te dice que te convertirá en modelo o en estrella, te está mintiendo. No hay príncipes desesperados por compartir su dinero contigo. Pero no te preocupes. Basta con tener un poco de sentido común. Y este libro también te servirá.

Sé amable. Recuerda que del otro lado de los intercambios hay personas que tienen sentimientos.

Por último, recuerda que quien paga el teléfono es, en definitiva, el dueño del dispositivo. O sea... el dueño probablemente no seas tú. Eso significa que tus padres tal vez lean tus mensajes y revisen tu historial de vez en cuando. Están en su derecho, y no lo hacen de puro entrometidos. (Bueno, quizás un poco sí). Lo hacen para cuidarte. Mientras tanto, **tú puedes seguir usando ese hermoso teléfono.** ¡Y eso es buenísimo!

Datos extra

- Así como es fácil y rápido mandar mensajes a tus amigos, también es fácil ser descuidado y herir los sentimientos de otras personas. Por eso, ten cuidado con lo que envías y lo que publicas. Tómate el tiempo necesario para escoger bien las palabras que usarás. Piensa siempre en cómo podría sentirse la otra persona cuando lea o vea tu publicación.

- Es fácil perder la cuenta del tiempo que uno pasa con el teléfono, así que trata de prestar atención a eso. Saca la vista de la pantalla de tanto en tanto y recuerda apreciar el mundo que te rodea.

- Tal vez uno de los motivos por los que los elefantes tienen una cola tan grande es que comen mucho. Un elefante promedio come entre 300 y 600 libras de alimento por día. De hecho, los elefantes pasan unas 16 horas al día comiendo. Imagina si te pasaras comiendo todo el tiempo que estás despierto. ¡Qué vida!

Capítulo 2

Todo un dramón: cómo evitar malentendidos y magnificaciones complicadas

Probablemente sepas lo que se siente cuando te peleas con un amigo. Se siente... *¡ajjj!* Por suerte, la mayoría de las veces los amigos lo hablan y hacen las paces. La vida continúa. Pero, otras veces, es todo un *drama*. Puede haber enojos, arrepentimientos, heridas o tristeza. En ocasiones, el drama empeora tanto que hace falta otra palabra para expresar todo lo que sucede. Digamos que es un *dramón*.

¿Qué tiene que ver todo esto con los teléfonos? Los teléfonos facilitan la comunicación. Puedes enviar mensajes, publicar cosas y jugar con tus amigos en cualquier momento, y eso está buenísimo. Tocas un par de botones y, ¡zum!, ya salió el mensaje. Pero, así como es fácil comunicarse, también es fácil comunicarse MAL.

Hay dos formas principales en las que la mala comunicación a través del teléfono puede causar un drama, o incluso un dramón, con amigos, familiares y otras personas. Son los malentendidos y las magnificaciones complicadas.

Sigue leyendo para aprender más sobre estas situaciones peliagudas y cómo evitar los dramones (y los tiburones en los malecones).

Los famosos malentendidos

Los malentendidos entre personas que se mensajean son bastante comunes. Parece mentira. Después de todo, mandamos mensajes todo el tiempo. (En serio: todo-el-tiempo). ¿Qué es lo que causa tantos problemas?

¡Qué buena pregunta! Genial que la hayas hecho.

La razón por la que enviar mensajes de texto es tan fácil y rápido es porque es un atajo. ¿Alguna vez has tratado de hacer pastelillos solo con huevos y harina? Si no usas todos los ingredientes necesarios (mantequilla, vainilla, azúcar), te saldrá algo parecido a un pastelillo, pero no tendrá el mismo sabor. Tendrás *asquerosillos* en lugar de *pastelillos*. Los ingredientes que faltan son muy importantes. Los mensajes de texto son algo así, pero en relación con las conversaciones. Usas menos palabras y, tal vez, acrónimos y emojis, pero el mensaje no está completo. Le faltan algunos ingredientes esenciales.

Uno de los problemas es que no ves a la otra persona. Entonces, te están faltando todos esos otros ingredientes —bueno, pistas—, como la expresión facial y el lenguaje corporal. Si tu amiga te dice que eres un bobo, tal vez eso te haga sentir mal. Pero, si te lo dice con una sonrisa enorme y simpática con la que te transmite que solo está bromeando, es muy distinto. Entiendes que no lo dice en serio. Pero si te lo dice por mensaje de texto, donde no le ves la sonrisa, quizá no te des cuenta de que es una broma.

O imagina que envías este mensaje: "Qué buen partido el de hoy", y tu amigo te responde: "Muchas gracias, eh". Tal vez quiere decir exactamente eso: gracias. O quizá se siente mal por cómo jugó al fútbol ese día y cree que te estás burlando de él. Ese "muchas gracias, eh" sería sarcástico. Lo que tu amigo quiere decir, en realidad, es que heriste sus sentimientos. Si estuvieras hablando en persona con él, seguramente verías que se siente mal. Tal vez mire al piso o haga un gesto que lo demuestre. Tú te darías cuenta en ese mismísimo momento y podrías solucionarlo diciéndole algo como: "No, ¡lo digo en serio! Pateaste muy bien el tiro de esquina en el segundo tiempo".

Otro ingrediente que falta cuando alguien envía un mensaje de texto es el tono de voz. El sonido que hace una persona cuando habla puede cambiar el significado de lo que dice, incluso si usa exactamente las mismas palabras. ¿No nos crees? Fíjate en esta oración sencilla. Cuando cambia el tono y el énfasis, cambia todo el sentido.

Lo que dijiste y cómo lo dijiste	**Cómo cambió el significado con el tono y el énfasis**
Yo no me tiré un gas durante tu concierto de piano.	Alguien definitivamente se tiró un gas, pero no fui yo.
Yo no me *tiré un gas* durante tu concierto de piano.	No me tiré un gas. Dejemos eso bien claro. Pero tal vez hice otra cosa.
Yo no me tiré un gas *durante* tu concierto de piano.	Sí, me tiré un gas. Pero no fue durante tu concierto. Fue antes. No sonaba música todavía. (Bueno, se podría decir que yo estaba haciendo algún tipo de música...).
Yo no me tiré un gas durante tu *concierto de piano.*	Me tiré un gas, pero no fue en el concierto. Fue en otro momento.

Si esta conversación gaseosa sucede en persona, tu amiga oye las palabras que pronuncias más fuerte y con más énfasis que otras. Oye el tono de tu voz. Un tono enojado le dice que te molestó que mencionara el incidente gaseoso. Si tu voz suena apenada, tal vez te perdone. Si te ríes, tal vez se ría contigo. (¡O quizá se enoje porque no la tomaste en serio!).

Pero, así como no vemos el lenguaje corporal ni las expresiones faciales cuando nos mensajeamos con otra persona, tampoco oímos el tono de voz. Sin esa información extra, suele haber malentendidos. Uno *cree entender* lo que quiso decir el otro, pero tal vez se equivoque.

Magnificaciones complicadas

No solo los malentendidos causan equivocaciones. Los teléfonos a veces magnifican las cosas... y eso puede ser complicado.

Imagina que te tomas una selfi. Sabes que debes sostener el teléfono en una posición determinada. Si está demasiado lejos, nadie notará el hermoso corte de pelo que te hiciste. Si está demasiado cerca, será todavía peor. Si la cámara no apunta donde debe, magnificarás lo que no quieres. A menos que seas alguien que aprecie un primer plano de la mitad inferior de su fosa nasal izquierda.

Así como la cámara del teléfono puede magnificar la cara y convertirla en una obra de arte moderno deformada, los mensajes de texto y los chats pueden magnificar tus pensamientos, ideas y sentimientos. Tal vez estés un poco preocupado por el próximo examen de Matemáticas. Pero después de pasar una hora mensajeándote con tus amigos sobre lo difícil que va a ser, de repente pasas de estar "un poco preocupado" a estar tan preocupado que no te puedes dormir.

¿Por qué pasa eso? ¿Por qué razón los mensajes y las publicaciones a veces intensifican y magnifican los sentimientos?

Tiene que ver con el medio de la comunicación. Cuando le hablas a alguien en persona o lo llamas por teléfono, dices las palabras en voz alta. La otra persona las escucha, y luego las palabras se van. *¡Fium!* Se esfuman en el éter. Podemos recordar las palabras, pero no las tenemos delante de los ojos.

Ahora bien, cuando envías un mensaje de texto o chateas en el teléfono, las palabras no desaparecen. Se quedan allí. Y puedes mirarlas una y otra vez.

Imagina que estás en el parque con un amigo y se pelean. Están cara a cara. Se dicen cosas hirientes. No te parece bien, pero es lo que pasó. Escucharon las palabras hirientes del otro, pero una sola vez. No, no estuvo bien. Sí, tendrán que disculparse y tratar de mejorar las cosas. Pero, al menos, pasó una sola vez.

Ahora imagina que te peleas con el mismo amigo, pero esta vez no están hablando en persona, sino por mensaje de texto. Están sentados en casa mirando la pantalla. Aparecen las palabras hirientes, las lees y luego... se quedan allí en la pantalla. Las vuelves a leer. Te vuelves a enojar. Tal vez apartes el teléfono para calmarte. Pero después lo vuelves a agarrar y vuelves a leer la pelea, porque no te la puedes sacar de la cabeza.

Cuando lees los mensajes una y otra vez, tus sentimientos se AGRANDAN cada vez más.

Esto también puede pasar con cosas buenas. Si tu amigo y tú se están mensajeando sobre lo entusiasmados que están por la pijamada que piensan hacer, ese buen plan se convierte en algo estupendo.

Debido a los malentendidos y las magnificaciones complicadas que ocurren **durante una conversación por mensajes de texto,** a veces puedes herir los sentimientos de otra persona, alguien puede herir los tuyos o incluso puedes terminar en una pelea: todo por accidente.

Jane: Lucy está enojada conmigo todo el tiempo. Lo sé por sus mensajes.

Jamal: ¿Qué te dijo?

Jane: "Ya sé".

Jamal: ¿Ya sabes qué?

Jane: No, ella dijo: "Ya sé".

Jamal: Ah... Pero a mí no me parece que esté enojada. Nomás te dice que ya sabe.

Jane: A mí no me sonó así.

Jamal: Pero... ¿cómo te "sonó" a ti?

Jane: Ya sabes.

Jamal: ¿Entendiste que quería decir "ya sabes"?

Jane: No, quiero decir que *tú ya sabes*. ¿Sabes?

Jamal: No.

Cómo evitar dramones

Si notas que una conversación por chat o por mensajes de texto se está acalorando, puedes enfriarla antes de que se te vaya de las manos... y antes de que el malentendido se convierta en un drama. O en el temido dramón.

En primer lugar, recuerda que los malentendidos se pueden dar en ambos sentidos. Tal vez no te haya quedado claro si a tu amiga Allison le gusta o *no le gusta* tu idea de invitar a chicos y chicas a tu fiesta de cumpleaños. Cuando te escribió, el texto no te pareció claro. Pero, al mismo tiempo, Allison quizá no entienda por qué le hiciste ese comentario crítico sobre su canción favorita de Taylor Swift. ¿Lo dijiste en broma? ¿Realmente no te gusta el tema? Trata de ser lo más claro posible en tus comunicaciones, y que no te sorprenda si alguien se confunde con algo que escribiste. Nos pasa a todos.

En segundo lugar, trata de ver las cosas desde el punto de vista de la otra persona. Si un amigo escribe algo que te resulta confuso o te lastima, ponte en su lugar. ¿Es posible que haya cometido un error? ¿Será que esas palabras hirientes en realidad se pueden leer de otro modo, de un modo que NO es tan hiriente? Si no estás seguro, hay una sola manera de averiguarlo: preguntarle a tu amigo.

"Por qué respondiste 'jaja' a mi foto".

"Estás molesto".

¿Se burló de mi erizo de peluche o entendí mal?

Lo tercero que puedes hacer cuando el intercambio de mensajes empieza a acalorarse es tomar aire. Tómate un tiempo para pensar tus respuestas. Si lo que escribió tu amigo te enoja o te molesta mucho, no respondas de inmediato. Deja el teléfono a un lado y tómate unos minutos de descanso. Piensa en lo importante que es la amistad de ustedes y exactamente cómo quieres responder. Mantén la calma cuando respondas.

Los malentendidos básicos ya son malos, pero el problema es todavía mayor cuando la confusión genera una pelea textual a muerte. A veces te peleas o discutes con un amigo muy querido por mensajes que se enviaron y ni siquiera sabes bien por qué están peleando, cómo empezó todo ni por qué están tan enojados.

Cuando los mensajes de texto se convierten en una pelea, es momento de pisar el freno. Basta de escribir. ¿Qué puedes hacer en cambio?

Ojalá hubiera una manera de hablar de verdad con tus amigos..., ¿no?

¡Ah, buena idea! Sí que hay una manera. Puedes llamarlo por teléfono. Ey, que para eso se creó el teléfono en un principio... Dile a tu amigo que estás confundido y pregúntale si pueden hablar. Luego, llámalo y explícale cómo te sientes. O, mejor aún, haz una videollamada para que puedan verse las caras. Así se transmitirán todas las expresiones faciales. Si te sientes mal por algo que te dijo, podrá verlo. Y tú podrás ver cómo se siente él.

O... ¡espera! Hay algo todavía mejor.

Puedes hablar cara a cara.

Sí, así es. Puedes dejar el teléfono e ir a ver a la otra persona. Eso es lo mejor para tratar de entenderse.

Datos extra

- Cuando no ves ni oyes a la otra persona, tal vez creas que te dijo algo que no es lo que quiso decir. El tono de voz es esencial para interpretar y entender lo que nos dicen. Pero el tono de voz no se transmite por mensajes ni chats.

- Los sentimientos pueden magnificarse y se pueden complicar mucho las cosas cuando usas el teléfono. Por ejemplo, puedes enojarte muchísimo en situaciones en las que la otra persona no quiso que te enojaras.

- ¿Has notado que a veces te estresas o te preocupas cuando recibes un mensaje que está TODO EN MAYÚSCULAS? Escribir TODO CON MAYÚSCULAS hoy equivale a gritar, pero ¿sabías que las primeras computadoras directamente *no tenían letras minúsculas*? Era como si solo supieran gritar. Imagina lo aliviadas que deben de haberse sentido esas computadoras cuando finalmente se inventaron las minúsculas. Después de pasarse toda la vida GRITANDO, podían hablar en un tono de voz más normal.

Capítulo 3

Ese último costillar: entender el acoso escolar, el ciberacoso y la crueldad por teléfono

¿En qué se parecen los teléfonos y las batallas de comida?

Para algunas personas, son dos cosas muy divertidas. Seguro estarás de acuerdo con que los teléfonos inteligentes son divertidos. En cuanto a las batallas de comida... Imagina que estás en medio de una batalla de las grandes. Una demostración realmente épica de estrategia e ingenio, y un uso sensacional de la mostaza con miel.

¿Es divertido?

Dependerá de cuánto te guste tener mostaza con miel en la oreja.

Una similitud más importante entre los teléfonos y las batallas de comida es que, en los dos casos, los adultos se ponen un poco... nerviosos. Está claro por qué las batallas de comida los inquietan un poco. Queda todo hecho un desastre. Si las cosas se descontrolan mucho, alguien puede salir lastimado. (Imagina un chichón causado por un plátano volador).

Los teléfonos inteligentes son así. Pueden causar tremendos desastres y alguien puede salir lastimado.

Es fácil lastimar a otros

¿Qué tienen los teléfonos que a veces terminan causando el mismo desastre que un pastel de arándanos volador?

Ya sabes que los teléfonos facilitan la comunicación y que ese es el motivo por el cual a veces nos comunicamos MAL. Eso ya es bastante desastroso. Pero, encima, por teléfono es muy fácil lastimar a otros.

Ese es un verdadero desastre.

A veces, pasa sin querer. Enviamos mensajes o publicamos comentarios sin pensarlo demasiado. Imagina que escribes atropelladamente un mensaje en el que dices, por ejemplo, que el suéter de tu amigo se parece a uno de tu abuela. No crees que sea un comentario hiriente. No es más que una broma, pero tu amigo se lo toma a pecho. Cuando ocurre eso, puedes disculparte con tu amigo. Llámalo por teléfono o habla con él en persona para asegurarte de que vea que eres sincero.

Pero, a veces, algunas personas no lastiman por error. Al contrario, usan el teléfono para herir a alguien a propósito.

Tal vez pienses que esto nunca te pasará a ti.

Y tal vez tengas razón. Muchos niños y adolescentes dicen que nunca sufrieron eso con su teléfono. Pero muchos otros sí. ¿Y si algún día *sí* te pasara a ti?

Puedes hacer muchas cosas para protegerte de los comentarios hirientes, los mensajes agresivos y las notas desagradables en el teléfono. (No, no hace falta que uses una armadura). Depende mucho del tipo de misivas maliciosas que lleguen y de quién esté involucrado. A veces, alguien dice algo hiriente, y eso es todo. Otras veces, se trata de ciberacoso.

Herir a alguien versus ciberacoso

El acoso ocurre cuando alguien agrede a otra persona a propósito, con la intención de lastimarla, y lo hace una y otra vez. Cuando el acoso se produce mediante un teléfono u otro dispositivo digital, se llama *ciberacoso.*

Hay ciberacoso cuando alguien te envía mensajes agresivos o hirientes a tu teléfono una y otra vez. O si alguien te saca fotos todos los días y las publica para burlarse de ti. Si hay alguien que todo el tiempo publica comentarios hirientes o molestos en tus redes sociales, eso también es ciberacoso.

Tal vez no parezca que el ciberacoso sea tan malo como el acoso en persona. No ves al otro. Pero puede ser intimidante e hiriente. Una razón es que llevas el teléfono contigo la mayor parte del tiempo. Entonces, el ciberacoso te alcanza estés donde estés. Así que quedas expuesto a cosas crueles en todas partes: en la escuela, en el entrenamiento de *hockey* e incluso en casa. Aunque estés en el lugar en donde te sientes más seguro, como tu habitación, esos mensajes entran —¡tin!— y te encuentran.

Y no solo eso: el ciberacoso a veces es peor que otros tipos de acoso porque suele tener mucho público. Si alguien escribe comentarios crueles en un grupo de chat o en las redes sociales, muchas personas podrían verlos. Quizá sientas que todo el mundo se divierte a costa tuya. Puedes sentirte muy solo.

Debes informarte acerca del ciberacoso para saber cómo reaccionar si eso llega a pasarte a ti. También debes entenderlo para asegurarte de no practicarlo tú contra otras personas.

La siguiente prueba te ayudará a entender si algo es ciberacoso:

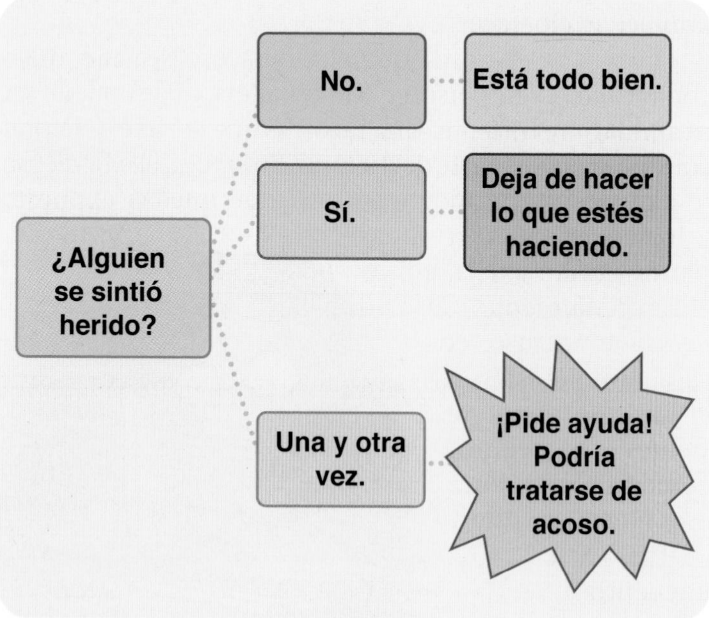

DATO FASCINANTE

En un grupo de cuatro niños o adolescentes, es probable que al menos uno de ellos haya sufrido ciberacoso.

Entonces, ¿qué puedes hacer?

¿Alguien está siendo agresivo por teléfono?

Si alguien dijo algo agresivo, pero una parte de ti sospecha que es solo un malentendido, ¡la solución es hablar! Pídele hablar en persona para entender qué quiso decir. ¿Fue intencional?

Si alguien te agrede a propósito, no lo mantengas en secreto. Algo que caracteriza al acoso y la crueldad es que no siempre se detienen enseguida. Pero tú sí puedes hacer algo, ¡enseguida!, para que duela menos. ¿Qué te haría sentir mejor? Hablar con tus amigos, por ejemplo. Pídeles a tus amigos que hagan un pacto contigo: todos prometan decir si alguien los agrede o los acosa por teléfono. El simple hecho de contar unos con otros y de poder hablar sobre el tema los ayudará a sentirse mejor. También pueden defenderse entre ustedes si el agravio ocurre en redes sociales, en grupos de chat o en otros foros públicos.

Además, puedes hablar con todas las demás personas que te quieren y se preocupan por ti. Pueden ser tus hermanos, tus padres, tu médico ¡o incluso tu abuela! Sabes que cuentas con esas personas, y hablar con ellas aliviará tu dolor.

Tus padres y otros adultos son un recurso de especial importancia. No dejes de contarles si la agresión te pone triste o te preocupa. El adulto también puede ayudarte a cambiar la configuración del teléfono para lidiar con el problema. Puedes bloquear a personas específicas para que no te envíen más mensajes ni lean tus publicaciones, ni puedan publicar nada en tus redes sociales. Puedes hacer que tus cuentas sean privadas.

¿Pueden los adultos encargarse de *todos* los problemas que tienes con el teléfono? Sí y no. A veces, no está bueno contarle lo que pasa a un adulto. Si alguien llega a la fila del almuerzo antes que tú y se lleva el último costillar, NO es necesario contarle a un adulto. No hubo ninguna injusticia. La próxima vez, si no quieres quedarte sin tu comida favorita, haz lo que hace todo el mundo: ve corriendo a la fila. Si llegas demasiado tarde, tendrás que hacer de tripas corazón y conformarte con un sándwich frío.

Ahora bien, si pasa que alguien te agrede de manera intencional repetidas veces, es importante que le cuentes a un adulto.

Hablar con otras personas no es lo único que te hará sentir mejor. Puedes tomar el toro por las astas y hacer algo tú para sentirte mejor. Haz cosas en el mundo físico que te distraigan. Deja el teléfono un rato y sal al aire libre. Lee un libro con tu papá. Prepara la cena con tu mamá. Júntate con otras personas a quienes les caigas bien. Almuerza con tus amigos. Juega juegos de mesa. Colúmpiate en un neumático colgante. Participa en otro campeonato de Gaga Ball. Busca los mimos y abrazos de tus padres o abuelos. O abraza a tu mascota (siempre y cuando no tengas un cactus de mascota, claro).

Datos extra

- Hay niños y adolescentes que reciben mensajes agresivos de otros. A veces es sin querer, pero otras veces es a propósito. Cuando esto ocurre reiteradamente, se trata de *ciberacoso*.

- Las agresiones y las peleas en línea son de esos problemas que de ninguna manera debes ocultar ni mantener en secreto. Habla con tus amigos, tu familia u otras personas que te caigan bien y en quienes confíes. El simple hecho de hablar ya ayuda mucho.

- Una de las batallas de comida más grandes y más famosas del mundo ocurre todos los años en España. La fiesta de la Tomatina es una batalla épica que comienza con la ceremonia de "izar" el jamón. Una vez que el jamón está magníficamente colgado en lo alto de un poste, miles de personas se lanzan casi 200,000 tomates entre ellas durante más de una hora. ¿No es una idea espectacular?

Capítulo 4

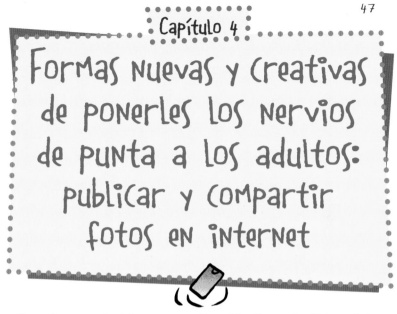

Formas nuevas y creativas de ponerles los nervios de punta a los adultos: publicar y compartir fotos en internet

Imagina que hubiera una aplicación llamada "Lánzalo". No, no se trataría de vomitar el almuerzo: eso sería extraño y asquerosísimo. La aplicación desafiaría a las personas a arrojar el teléfono lo más alto posible, y luego mediría la altura que alcanzó el dispositivo.

¡Ja, ja! Parece superdivertido y todo un desafío, ¿no? ¿Dónde se puede descargar esta aplicación tan genial? ¿Qué podría salir mal con un pasatiempo tan alegre y descontracturado? ¿Acaso alguien podría encontrarle algún aspecto negativo?

Espera...

Ya llega...

Ya casi...

¡Ajá! ¡Ahí lo tienes!

Lo que sube

BAJA.

Pero, aunque tú sepas que esta aplicación imaginaria sería la crónica de un desastre anunciado, podría volverse increíblemente popular. ¿Por qué? A veces las personas hacen cosas que parecen divertidas en el corto plazo y no piensan en el lado negativo, ni siquiera cuando es muy evidente. Arrojar una pelota de baloncesto es divertido. Arrojar un teléfono, ¡UNA LOCURA!

Al principio, cuando te desafían a un concurso de lanzar teléfonos, no suena tan mal. La primera ronda sale bien. Llevas la delantera. Pero, inevitablemente, después de un par de lanzamientos, ¡plaf!, tu teléfono se revienta como un huevo contra el piso, y la diversión se termina en el acto.

¡Ey! ¡Ten cuidado con el teléfono!

Claro que jamás harías una cosa así. No eres ningún bobo lanzador de teléfonos. Entonces, ¿qué tiene que ver esta aplicación imaginaria y ridícula contigo y con tu teléfono?

La respuesta tiene que ver con la publicación de fotos en internet. Al principio, puede resultar emocionante, fascinante... Tu amigo publica una foto de su hermanita dormida sobre el plato de espaguetis. Luego, tú publicas una foto de tu hermano metiéndose el dedo en la nariz. Cada foto vergonzosa es superada por otra que es AÚN MÁS VERGONZOSA. Muchas personas les ponen "me gusta" y las comparten, y todos parecen divertirse.

Como te podrás imaginar, las cosas pueden descontrolarse muy rápido. En busca de fotos cada vez más alocadas para publicar y compartir, cruzas un límite. Hay por lo menos tres formas de meter la pata en el proceso de sacar y publicar fotos.

Puedes herir los sentimientos de alguien. Publicar una foto de tu hermanita dormida sobre un plato de espaguetis será divertido... para ti. Pero compartir cosas que se supone que son privadas puede lastimar a alguien. Piensa en cómo se sentiría tu hermanita —o quienquiera que estuviera en la foto— si compartieras esa foto boba.

Puedes quedar mal. Otro problema es que algo que te parece inocente y divertido podría resultarle asqueroso o incluso ofensivo a otra persona. Por más que te cueste creerlo, no todos saben apreciar la imagen de niños que babean mientras duermen sobre su cena. Piensa cómo podrían reaccionar a la foto. ¿Qué pensarán de ti, que la compartiste? Según cuál sea la foto, podrían pensar que fuiste egoísta. O que eres cruel. Hasta podrías meterte en problemas.

La foto puede quedarse allí para siempre. Un gran problema que trae publicar fotos —o cualquier otra cosa— en internet es que, a veces, esas cosas se quedan allí. Para siempre. Cualquiera que vea las fotos puede copiarlas y guardarlas. Así que, si publicas la imagen de una niñita que babea, pierdes el control de esa foto. Quizá tú te olvides muy pronto de ella, pero podrán verla muchas personas en el futuro, aunque en algún momento elimines la publicación. Quizá la vean justo en ese momento en el que quieres que te contraten para cuidar niños...

¡Sonríe! No, mejor, di PORFA

Hay varias formas de asegurarte de no cruzar ningún límite cuando tomas fotos y las publicas. En todas, debes hacer preguntas.

Pregúntale a la persona que sale en la foto si le parece bien. En realidad, pregúntale *antes* de que salga en la foto: pídele permiso para tomarle la foto. Después de tomarla, quizá quieras publicarla. Tal vez captaste una foto fantástica de cuando tu amigo se tiró de bomba en la piscina. Pero, aunque sea una foto fantástica, es posible que tu amigo no quiera que todo el mundo la vea. Asegúrate de pedirle permiso a la persona *antes* de publicar y compartir su foto.

No importa si publicarás la foto en las redes sociales, en tu blog o en un sitio web, o si simplemente quieres enviársela por chat a otra persona: cada vez que envías una foto de cualquier manera a cualquier lugar, la estás "compartiendo", por lo que debes pedir permiso antes. Y debes hacerlo aunque no hayas sido tú quien tomó la foto. Si otra persona te la envía y quieres publicarla o enviársela a alguien más, pide permiso antes.

Eso vale también para las fotos que no son de la persona en sí, sino de algo que le pertenece o está asociado con ella. Por ejemplo, su habitación o su casa, sus pertenencias y hasta sus familiares. Podrá parecerte que la foto de un cerdito con sombrero es supertierna, pero tal vez su dueño no quiera que otros la vean. ¡Tú no tienes por qué saberlo! Por eso, debes preguntar.

Pregúntate por qué quieres compartir la foto. Si tu amiga hace un excelente caballito con la bici y tú quieres compartir su GENIALIDAD con los demás, esa es una muy buena razón. Compartirla demuestra que piensas que tu amiga hizo algo buenísimo. Muéstrale a tu amiga la foto que le tomaste; probablemente te dirá que sí.

Por otro lado, si crees que el cabello de tu amigo luce como si se lo hubiera secado con un soplador de hojas, tus motivos no son tan amables. Con mucha más razón debes preguntarle antes de tomar una foto de la planta rodadora que tiene sobre la cabeza... y *sin duda* debes preguntarle antes de compartirla. Algunas personas tienen mucha autoconfianza y no les molesta reírse de sí mismas. Si tu amigo es así, tal vez te diga que sí. En ese caso, trata de ser amable incluso si haces una broma sutil.

Si te preguntas por qué quieres publicar una foto, en general, te darás cuenta de si es buena idea o no. Si tus motivos no son amables, es muy probable que no debas publicarla. Si tus motivos sí son amables, o al menos justos, probablemente tengas luz verde. Pero, de todos modos, siempre debes consultarle a la otra persona.

A... A...
CHÍS

Pregúntate qué consecuencias podría haber. ¿Esta foto es graciosa o desagradable? Si es las dos cosas, ¿será demasiado asquerosa para el consumo público? ¿Pensarías otra cosa si fueras *tú* el de la foto? ¿Y si la foto se queda en internet PA-RA SIEM-PRE? ¿Y si todos se enteran de que la publicaste tú? ¿No te molestaría? Reflexiona sobre todas estas preguntas.

Pregúntale a tu abuelita. Bueno, no hace falta que llames a tu abuela cada vez que quieres tomar una foto. Simplemente puedes *imaginarte* que tu abuela verá la foto. ¿Qué pensaría?

Supón que tomaste la foto perfecta. Una imagen digna de un premio, justo después de que tu hermanito estornudara sus guisantes a medio comer, justo en el instante en el que tu papá, ay, tu pobre papá, hacía el avioncito con la cuchara para darle otro bocado. Tu papá está bañado en una mezcla rara de moco de bebé y puré de guisantes. Tu hermano mayor se ríe. Tu papá gimotea. Y tú, por suerte, tienes el teléfono en el momento exacto para capturar esa escena brillante. La tienes: ¡la mejor foto, la más graciosa y asquerosa de todos los tiempos!

Pero... antes de poner esa belleza en las redes o mandarla al grupo de chat, haz una pausa. Imagina que tu abuela verá esa foto. ¿Qué pensaría esa mujer amable, gentil y amorosa?

Esa es una manera linda, simple y sencilla de pensar en todas las consecuencias sobre las que acabas de leer. Es un atajo. Llamémosla “la prueba de la abuela”. Si es aceptable para las personas que aparecen en la foto, y para tu abuelita, está bien para ti también.

Por cierto, si no tienes abuela, puedes imaginarte a la abuela de otra persona. O a una ancianita imaginaria que quiere lo mejor para ti. También es útil preguntarle a un amigo. No, no a ese amigo que siempre hace tonterías y se mete en problemas. A otro. Pregúntale a ese amigo que le cae bien a tu mamá.

Publicar fotos de tu persona favorita: ¡tú!

Por supuesto que las fotos más divertidas suelen ser fotos de ti mismo. En definitiva, ¿a quién no le gusta ver fotos de sí mismo en internet? Como ese año en el que tú y tus amigos hicieron ese disfraz grupal de superhéroes para Halloween. ¡Eso sí que fue espectacular!

Pero, tal como pasa con las fotos de otras personas, es importante que seas considerado acerca de las fotos que publicarás de ti mismo, y que lo hagas con inteligencia. Hazte algunas preguntas: ¿Existe alguna posibilidad de que te arrepientas después de publicarla? ¿No tienes ningún problema con que la vea *cualquier persona de cualquier parte del mundo*? ¿O con que quede dando vueltas en internet para siempre? Ya sea que captures una imagen tuya o de todo el grupo de superhéroes, es importante que te hagas preguntas antes de compartir la foto.

También es importante que nunca compartas fotos ni información personal por internet con desconocidos.

INTERNET NO ES PRIVADA. NUNCA.

EN SERIO, NUNCA ES PRIVADA.

Las fotos no son lo único que no es privado en internet. Cualquier información que pongas en línea se puede ver, copiar y reenviar. Nunca sabes cuándo alguien hará una captura de pantalla de tus datos, tu comentario, tu foto u otra cosa que hayas publicado. Y eso no es todo: las aplicaciones y los sitios web rastrean los clics que haces y recopilan otro montón de datos. Las empresas usan esa información para saber más de ti y, así, enviarte anuncios de cosas que creen que comprarás. A veces, usar el teléfono parece algo privado porque estás tú solo cuando lo miras. En general, estás en un lugar privado, como tu habitación. Pero recuerda esto siempre: una vez que publicas algo, ya no tienes control sobre eso. Nunca sabes quién lo verá. Así que decide sabiamente.

Datos extra

- La posibilidad de tomar fotos es una de las mejores cosas que ofrece un teléfono, pero a veces también causa problemas; por ejemplo, puedes lastimar a alguien o quedar en ridículo.
- Si hay otra persona en la foto, pregúntale si le parece bien que la compartas. Y pregúntate por qué quieres compartirla. Los únicos motivos que valen son los amables.
- Entonces... ¿te interesa tomar y compartir fotos? ¡Fantástico! Podrás encontrar inspiración en estas fotos premiadas, que tomaron chicos como tú: natgeokids.com/uk/kids-club/cool-kids/general-kids-club/nat-geo-kids-photo-comp-2019.

Capítulo 5

¡Ay, no! ¡El FOMO! (Cuando el teléfono te causa estrés o ansiedad)

Había una vez un jovencito que tenía muchas pero muchas ganas de ir al remolino chino en el parque de diversiones. Había visto durante años a su hermano subirse al juego, reírse y aullar de alegría. Luego llegó un fabuloso día de julio en que el niño alcanzó la estatura necesaria para subirse al juego. Compró el boleto. Hizo la fila. Subió y se abrochó el cinturón. El juego comenzó. Al niño se le llenó la panza de mariposas. Era divertido. Sentía que la diversión aumentaba cada vez más... y más... y más... Hasta que...

¡Ay, no!

Las mariposas del estómago se marearon y empezó a brotar otra cosa, cada vez más... más... y más.

Sip. Así como así, algo buenísimo se convirtió en algo... bueno, menos buenísimo.

Con los teléfonos puede pasar algo parecido. Casi siempre son divertidos. Pero, en ocasiones, te hacen sentir mal. Tan mal que, a veces, hasta lo sientes en la panza.

La ansiedad

Ansiedad significa "preocupación". Todos sentimos preocupación en algún momento. Tal vez te sientes así cuando tu maestro dice que va a darles las correcciones del examen de Historia al final de la clase. No puedes pensar en nada más que en ese examen. Sentirse preocupado es totalmente normal. Sería difícil crecer sin sentirse algo preocupado de vez en cuando. Es más: algo de preocupación puede ser algo bueno, ya que te ayuda a prepararte para las cosas importantes. Piensa en los nervios que sientes antes de un partido clave de baloncesto o de tocar en un concierto. Si se trata de algo importante para ti, va a hacer que te preocupes, y esa misma preocupación puede llevarte a practicar más. Entonces, al final te irá mejor. ¡Gracias, preocupación!

Pero la ansiedad es más que una preocupación normal. Es como sentirse preocupado *de más*. Cuando sientes que no puedes concentrarte en la tarea de la escuela porque estás demasiado preocupado o no puedes dormirte o relajarte, o te cuestionas cuánto vales, y ese sentimiento no se va..., eso es ansiedad. Los expertos describen la ansiedad como un sentimiento de preocupación por algo que podría pasar, algo que imaginas que podría pasar o algo que ha ocurrido en el pasado. Y los teléfonos son ideales para tener ansiedad.

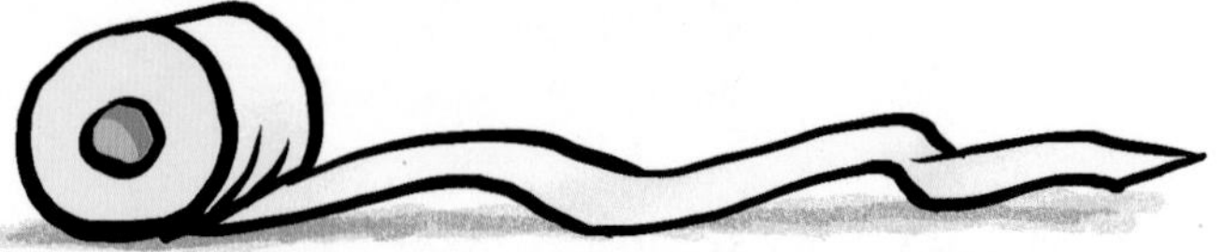

Tal vez le enviaste un mensaje importante a alguien y revisas el teléfono a cada rato, esperando que responda. Lo revisas: no respondió. Un ratito después, vuelves a revisar: no respondió. Así una y otra vez. Y no entiendes por qué tu amigo no responde. ¿Está enojado contigo? ¿Te está ignorando? ¿QUÉ PASA?

Si tienes edad suficiente para estar en redes sociales, te encontrarás cada tanto deslizando el dedo por la pantalla y mirando foto tras foto de gente que hace cosas impresionantes, como viajar a lugares asombrosos o mostrar lo bien que le queda su ropa nueva. O tal vez veas fotos de gente que luce hermosa o fuerte o feliz o simplemente... perfecta. Comparas todo el tiempo tu propia vida con la suya y, en la comparación, tu vida parece aburrida y..., bueno..., normal. Quieres dejar de mirar, pero por algún motivo sigues pasando las fotos. Y, cuanto más miras, peor te sientes.

O quizá tus amigos publican fotos de la fiesta de pijamas que hicieron, y te sientes mal porque no te invitaron. Empiezas a hacerte preguntas como: "¿Se olvidaron de mí o me dejaron afuera a propósito?, ¿por qué me dejarían afuera?, ¿qué tengo de malo?".

Ese es un tipo de ansiedad que se conoce como FOMO (acrónimo de la frase en inglés *fear of missing out*, "miedo de quedarse afuera"). Sentir que uno se queda afuera de algo no es raro ni inusual. No importa cuántos amigos, "me gusta" o seguidores tengas, a veces te quedarás afuera de algunas cosas. Es inevitable.

Jane: ¿Cómo va?

Jamal: Vi en las redes que Kyle y Matt anduvieron en trineo juntos. Me hizo sentir mal verlos.

Jane: A mí tampoco me invitaron. ¿Y si vamos a andar en trineo nosotros dos?

Jamal: ¡Sí, buenísimo! Ahora ya no me siento tan mal. Hablando de sentirse mal, ¿alguna vez te conté de cuando fui al remolino chino? Había comido muchísimo en el desayuno...

Jane: Sí, Jamal. Ya me lo contaste.

Las ilusiones que crea el mundo del teléfono

La ansiedad y el FOMO son cosas normales. Pero eso no quiere decir que sean divertidas. Ni que sean agradables. El FOMO puede causar TRIME (tristeza y melancolía). También causa FRUIDAD (frustración e inseguridad). Además de SEMIDOSA (una sensación muy incómoda, desagradable y espantosa).

La ansiedad y el FOMO han existido siempre, pero los teléfonos celulares los han generalizado más. En los viejos tiempos, las personas no llevaban un teléfono a todos lados. Cada casa tenía un teléfono en alguna pared. ¡Y lo único que se podía hacer con el aparato era hablar! Como mucho, podías entretenerte desenredando el cable superlargo en espiral que tenían. (Si no sabes qué es un cable de teléfono, busca imágenes en internet: te volarán la cabeza). Si querías hablar con tu amiga Samantha sobre tu nueva iguana, debías llamarla por teléfono y esperar que alguien en la casa de Samantha lo oyera sonar y atendiera. Si nadie atendía, a veces podías dejar un mensaje, pero solo si en la casa tenían una contestadora automática. (De nuevo: ¡busca qué es en internet!). Si no tenían contestadora, debías seguir llamando hasta que algún ser humano atendiera.

Hoy en día, muchas personas llevan su teléfono en el bolsillo en todo momento. Eso crea la ilusión de que los demás siempre están disponibles para hablar o mandar mensajes en cualquier momento. Pero eso *no es así.* A veces, cuando envías un mensaje, quizá la otra persona no responde de inmediato porque está en la ducha. O está cenando con su familia. O está leyendo un libro, caminando, montando en bici. Tal vez sientas que te ignora. Quizá te quedes esperando la notificación, el *¡tin!*, que te dice que llegó la respuesta. Pero lo más probable es que la otra persona esté haciendo su vida. Si no te responde, no necesariamente significa que te esté ignorando a propósito.

Otra ilusión que crean los teléfonos es la de la perfección. Las personas suelen ser muy cuidadosas y solo publican las palabras y las fotos que las hacen verse hermosas, interesantes, fuertes, inteligentes o fantásticas de alguna manera u otra. Rara vez se ve que alguien publique unas fotos con la leyenda "Miren qué grano más grande me salió". No es común que publiquen cosas sobre fracasos e inconvenientes cotidianos, como "Me saqué una calificación pésima en la reseña del libro".

En cambio, la mayoría de las publicaciones y las fotos están pensadas detenidamente para que muestren la mejor versión de la persona. Todos hablan de cosas formidables que hicieron o que les sucedieron: "¡Estamos de vacaciones en esta playa increíble!". "Este es el proyecto de ciencias en el que trabajé tanto y por el que me dieron un premio". Si alguien sube una selfi, probablemente ha planificado la pose y ha sacado varias fotos, de las que ha escogido la mejor. Tal vez le ha dedicado mucha atención al maquillaje y ha usado filtros sofisticados para verse todavía mejor. Cuando te cruzas con la adorable selfi de alguien, no piensas en todo el trabajo que le costó. Lo único que ves es el resultado. Parece una toma sencilla. Parece que la persona es perfecta.

Entonces, cuando abres la aplicación de una red social en tu teléfono, terminas viendo montones de publicaciones y fotos en las que todo el mundo parece increíble y su vida parece emocionante y divertida. Probablemente, aunque sepas que las personas hacen eso —mostrar solo su mejor versión en internet—, no puedes evitar compararte con ellas. Y todo eso puede terminar haciéndote sentir mal contigo mismo.

Combatir el FOMO y abolir la ansiedad

Así que ya sabes que no es verdad eso de que todos tienen una vida perfecta menos tú. Sabes que la ilusión de que todo el mundo se divierte en internet sin ti no es real..., pero tal vez tú *sientas* que es real de todos modos. Si estás preocupado porque no te invitaron a algún lugar o porque alguien te ignora, o si sientes que tu vida común no se parece en nada a la de otras personas que ves en internet, hay cosas que pueden hacerte sentir mejor.

Hacer ejercicio, por ejemplo. Si has estado sentado todo el día mirando el teléfono con una sensación de ansiedad o sintiendo que te quedabas afuera de un montón de cosas, haz ejercicio para liberarte de esos sentimientos. Así ayudarás al cerebro a activar las *endorfinas*, que te harán sentir mejor. Las endorfinas son unas sustancias químicas estupendas que hay en el cerebro y que se liberan cuando haces ejercicio. ¡Son como el mejor subidón de azúcar que existe!

Distráete. Toca la flauta, date una ducha, hornea unas galletas, pinta cerámica, cose un disfraz de superhéroe o haz un crucigrama o un rompecabezas. Esas actividades no solo te distraen de los sentimientos desagradables. También aportan algo positivo. Tocar un instrumento musical te ayuda a mejorar tu técnica. La pastelería y el arte son actividades creativas. Los juegos de ingenio mejoran la capacidad intelectual. Incluso darte una ducha es positivo, sobre todo si apestas.

Haz cosas con otros. En persona. Júntate con un amigo. Invita a tu hermana a hornear galletas contigo. Pídele a tu mamá o a tu papá que te ayuden con un juego de ingenio. O invita a alguien a planificar contigo esas fantásticas ideas que tienes para el futuro. Me refiero a ese plan secreto de vender geodas puerta a puerta con tu hermanito; de montar un negocio de venta de dulces al por mayor con tu mejor amiga en la escuela; o de construir un fuerte magnífico con tus primas usando nada más que ramas y ramitas de tu jardín.

Si las geodas, los dulces y los fuertes no son lo tuyo, haz algo que SÍ te guste. Después de todo, lo que te hará sentir mejor son las *personas*, no las actividades en sí. De una u otra forma, hazte un rato para estar con los que te quieren. Sea cual sea la actividad que escojas —desde la más común hasta la más extraordinaria—, es importante que quites los ojos de la pantalla del teléfono y veas a personas de carne y hueso que te agradan y a las que les agradas. Y si es al aire libre, mejor.

Cambia a las personas que sigues y con quienes te mensajeas. Si hay una aplicación de redes sociales que no deja de desanimarte, no tienes por qué seguir usándola. ¡Bórrala del teléfono! O no la uses durante un tiempo. O sigue a otras personas: elimina a las que fanfarronean o agreden todo el tiempo.

Si cada vez que te envías mensajes con ese chico del parque de patinetas terminas ansioso, triste o enojado, no vuelvas a mensajearte con él. Hasta puedes bloquear su número. Si un grupo de chat se está volviendo irritante o te da FOMO, sal de allí. O pídeles a tus amigos que cambien la manera de escribir en el grupo. Tú puedes tomar decisiones sanas PARA TI.

Pídele ayuda a un adulto. Puede que los adultos no hayan tenido teléfonos inteligentes cuando tenían tu edad, pero seguro que pasaron malos momentos con sus amigos. Pregúntale a un adulto de tu confianza sobre situaciones en las que se haya sentido excluido, afuera de algo o solo. A veces el simple hecho de escuchar a alguien que admiras contarte que pasó por una situación similar a la tuya ya te hace sentir mejor. Quizás incluso te pueda dar algún consejo para lidiar con la situación.

Si te sientes muy triste o muy solo, o si tienes ganas de lastimarte a ti mismo, habla de inmediato con un adulto de confianza. Puedes hablar con tus padres u otros familiares, tu maestro o incluso tu médico. No tienes por qué pasar por esto tú solo.

Datos extra

- Es normal sentirse preocupado a veces. Le pasa a todo el mundo. La mayor parte del tiempo, el teléfono es divertido, pero a veces puede intensificar tu preocupación.
- Como los teléfonos son tan rápidos, a veces nos preocupamos cuando alguien tarda en respondernos un mensaje. Pero la otra persona puede estar entrenando, haciendo tareas ¡o durmiendo la siesta! Respira profundo y dales tiempo a tus amigos para responder.
- Fíjate si puedes cambiar el miedo de quedarte afuera por algo diferente. ¿Qué te parece cambiarlo por la alegría de quedarte afuera? A veces viene bien relajarse y concentrarse en un juego con la familia o quedarse mirando las nubes del cielo. ¡Esos momentos pueden ser felices!

Capítulo 6

Los bebés llorones no son los únicos que necesitan dormir: un equilibrio sano

¿Eres un zombi tecnológico? Se hace tarde, pero estás muy compenetrado con esa serie que miras y solo quieres ver UN EPISODIO MÁS.

O estás tratando de publicar tu último video de sincronización labial y ya *casi* terminas de editarlo a la perfección. Tu mamá ya te ha gritado un par de veces. Ya te dieron la advertencia de "CINCO MINUTOS MÁS Y SE ACABÓ". Estás cansado. Tienes sueño. Empiezan a dolerte y a picarte los ojos, pero te estás divirtiendo. Quizá puedas ocultarte bajo las sábanas y terminarlo...

Y no pasa solo a la hora de irte a dormir. Sientes que el teléfono te absorbe todo el día. Es como si fuera una aspiradora gigante que te chupa todo el tiempo. Miras un video, y es buenísimo, y cuando termina, empieza otro con la reproducción automática, y luego otro después de ese, y luego otro... y luego otro.

(Y luego otro).

A esa aspiradora avara no le importa si no haces ejercicio; no le importa si has dormido o cenado; no le importa que tengas tarea; no le importa si no saliste de casa en las últimas 72 horas. De hecho, algunas de las aplicaciones están diseñadas *específicamente* para absorberte y no dejarte ir. Imagina si otras cosas de la vida estuvieran en reproducción automática como esos videos. No bien terminas un postre, alguien te pone otro frente a la cara. Terminas ese y viene otro... y otro. Al principio, sería fantástico. Pero después de unas seis porciones de pastel, empezarías a sentirte mal.

Planificar para tener una vida equilibrada

En realidad, el problema no es solo que algunas aplicaciones están diseñadas para tenerte pegado al teléfono. El propio teléfono es un dispositivo adictivo. Todos los íconos de colores intensos, el parpadeo y el sonido de las notificaciones, la capacidad de desplazarse sin fin con el dedo por las redes sociales y los mensajes..., el contenido no termina nunca. En su totalidad, el teléfono está concebido para mantenerte atrapado.

De hecho, algunos estudios demuestran que las personas suelen responder a su teléfono —a las notificaciones y los mensajes— con la misma velocidad, urgencia y atención con las que normalmente acudirían al llanto de un bebé. ¡Qué estresante!

No debería sorprendernos que a tantos niños y adolescentes les cueste administrar el tiempo una vez que tienen teléfono. Si te cuesta mantenerte alejado del teléfono, terminas pasando MUCHO tiempo con él. Y, como sabes, el día solo tiene 24 horas. Si pasas demasiadas de esas horas mirando videos, jugando juegos, mensajeándote con amigos, revisando las redes sociales, mirando más videos, publicando selfis, jugando juegos y, sí, claro, mirando MÁS videos, son horas que no dedicas a cosas importantes, como hacer ejercicio, hacer la tarea, socializar o jugar con tu mascota.

Debes ser capaz de controlar el uso del teléfono. Eso es tener un equilibrio sano en tu vida. Una buena manera de empezar es ponerse algunas reglas sobre cuándo apagar el teléfono. Te damos algunas ideas:

- Entrégales el teléfono a tus padres por la noche. De esa forma, no te tentará mirarlo cuando debas prepararte para ir a la cama o, incluso, cuando ya estés durmiendo.

- Deja el teléfono en otra habitación mientras haces la tarea de la escuela. De esa forma, no te distraerán las notificaciones que te dicen que hay algo muy pero muy importante a lo que debes prestar atención, como la foto de una nutria muy tierna.

- Habla con tu familia para que no haya teléfonos en la mesa durante la cena. De esa forma, cuando estén juntos hablarán entre ustedes. Eso es importante.

- Deja el teléfono en casa o en el fondo de tu mochila mientras paseas a tu perro, estás en la escuela y haces otras cosas fuera de casa. Sabes que no lo necesitas para la clase de Matemáticas ni para el entrenamiento de vóleibol.

Si el teléfono te quita demasiado tiempo de tu vida, pídele ayuda a un adulto para establecer algunas pautas.

¿Tienes sueño?

Uno de los desafíos más importantes que enfrentan niños, adolescentes y adultos a la hora de tener un equilibrio sano es dormir lo suficiente. Para que entiendas mejor, te presentamos una palabra muy sofisticada, de esas que enseñan en la escuela. (Aunque, a decir verdad, algunas palabras sofisticadas NO son algo que vayan a enseñarte en la escuela, como *flatulencias*, que significa "gases", o *emético*, que se dice de algo que te hace... mmm... vomitar. Prueba decirles esas bellezas de palabras a los adultos alguna vez. Quedarán encantados, ¡te lo prometemos!).

Pero la palabra sofisticada de hoy es *biología*, que básicamente significa "el estudio de la vida". Algo que nos enseña la biología es que **todos los animales necesitan dormir.** Esto nos incluye a los humanos. Por medio del sueño, procesamos el estrés, refrescamos la mente, descansamos el cuerpo agotado y nos preparamos para volver a hacer todo de nuevo al día siguiente.

¿Sabías que, cuando *no* duermes lo suficiente, estás de peor humor, eres menos inteligente, no te diviertes tanto e incluso puedes desarrollar sobrepeso? No dormir lo suficiente te hace sentir pésimo. Te sientes cansado, tienes cambios de humor y pierdes el interés en todo. Te cuesta concentrarte o prestar atención, incluso a cosas que te encantan, como el sándwich tostado de queso. Hasta puedes sentirte triste o deprimido.

Pregunta importante. ¿Sabes qué parte del cuerpo se da cuenta de que es hora de ir a dormir?

¿Pensaste en el cerebro? Es una buena suposición, pero es... ¡INCORRECTA!

Bueno, INCORRECTA EN PARTE. El cerebro termina recibiendo el mensaje. Pero la parte del cuerpo que envía el mensaje son los ojos, específicamente, la parte de atrás del globo ocular.

Sí, por extraño que parezca, la parte posterior del globo ocular le dice al cerebro si es de día o de noche. Si es hora de estar despierto o de estar dormido. ¿Y cómo sabe la parte posterior del globo ocular qué hora es?

Porque responde a la luz que entra en los ojos.

¿Qué tiene que ver todo esto con tu nuevo teléfono?

Mmm... ¿Emite mucha luz?

Sí. Así es. Entonces, cuando miras esa pantalla que brilla como el sol mismo, ¿qué crees que le informan los globos oculares al cerebro?

¡Ey, Cerebrito! ¡¿Cómo que tienes sueño?! Es hora de estar despierto. Es hora de jugar. Es hora de estar alerta. ¡Quédate despierto!

Los frenéticos globos oculares, engañados por el brillo extremo de la pantalla, le gritan al cerebro que es hora de estar despierto. Y, por cierto, no es cualquier tipo de luz la que sale de la pantalla. Es luz azul. Verás, la luz visible viene en un espectro de colores: rojo, anaranjado, amarillo, azul, índigo y violeta. Todos los colores juntos forman la luz blanca, la luz que llega del sol.

Los dispositivos como los teléfonos inteligentes, las tabletas y los televisores emiten mucha luz azul. Existen pruebas de que la luz azul sirve para cosas como mantenerte alerta, mejorar la memoria e incluso mejorar el estado de ánimo. Sin embargo, *no* es buena para otras cosas. Por ejemplo, demasiada luz azul aumenta el riesgo de enfermedades en los ojos. Además, la luz azul quita el sueño.

Hace que sea
MUY PERO MUY
difícil dormirse...

Y, como sabes, dado que perteneces al reino *animal*, necesitas dormir. Según los expertos, a tu edad necesitas de ocho a diez horas de sueño por día. Si no duermes lo suficiente, te despiertas así:

Entonces, ¿qué puedes hacer? ¿Se supone que no puedes volver a ver la pantalla de tu teléfono? Es una idea brillante. Y, ya que estamos, no vuelvas a mirar televisión ni vuelvas a mirar el retrete para apuntar cuando... Ya, olvídalo.

La solución para la contaminación lumínica

Con todos estos chistes sobre fluidos corporales, tal vez te perdiste la cuestión central, que es la siguiente: no puedes usar el teléfono, la tableta o una pantalla y luego pretender quedarte dormido al instante. La luz es demasiado brillante. Después de apagar la pantalla, el cerebro tarda una o dos horas en prepararse para un sueño reparador y revitalizante.

La solución es alejarte de la tecnología por lo menos una hora antes de ir a dormir.

Si te has acostumbrado a llevarte el teléfono a la cama, eso podría costarte mucho. Si tus amigos mensajean o publican cosas tarde por la noche, te costará más todavía. Tal vez sientas ese FOMO del que leíste en el capítulo anterior. El truco es hacer un plan para ir a dormir.

Planifica cargar el teléfono en otra habitación por la noche. Algunas familias tienen una estación en la cocina donde todos dejan sus dispositivos hasta la mañana. Esa es la mejor opción para dormir bien.

Activa la función "No molestar" en el teléfono. Esa es la segunda mejor opción. Tal vez estás leyendo un libro y juras que no vas a mirar el teléfono, pero te gusta usarlo para escuchar música suave. Si crees que puedes manejar la tentación, adelante, usa el teléfono para poner música en tu habitación. Pero no olvides la función "No molestar". De esa manera, no recibirás ninguna notificación ni sentirás la tentación de contestar.

Usa el "Modo nocturno". ¿Te gusta leer en el dispositivo? Ay, vaya que se necesita disciplina para leer y NO ponerte a mensajear o mirar las redes sociales. De nuevo, la función "No molestar" es tu amiga. También puedes cambiar la configuración del teléfono al "Modo nocturno". Ese modo reduce la cantidad de luz azul que emite el teléfono. De hecho, la mayoría de los teléfonos pueden configurarse para que pasen automáticamente a modo nocturno todas las noches.

Z Z

También es buena idea probar gafas de luz azul. No, no disparan luz azul como hacen los villanos en las películas de ciencia ficción. Son unas gafas geniales que *bloquean* la luz azul. De esa manera, el cerebro recibe el mensaje de que es de noche, hora de ir a dormir.

Por supuesto, al final, hay un solo truco que funciona siempre: nunca es mala idea descansar un poco del teléfono. O sea, APÁGALO. Dales un descanso a tu cerebro, a tus ojos y al dedo que usas para desplazarte por las páginas, sobre todo de noche. No te preocupes: todos esos mensajes y publicaciones seguirán estando allí cuando vuelvas a encenderlo.

Datos extra

- Tener un equilibrio sano en tu vida significa que, sin importar lo divertido que sea tu nuevo teléfono, igual necesitas descansar, dormir, comer, hacer la tarea, salir y jugar con tu perro.

- El teléfono es una herramienta excelente para divertirse *y también* para hacer cosas constructivas, como leer sobre volcanes y aprender a hablar otro idioma. Pero, hagas lo que hagas, ten en cuenta que los celulares pueden convertirse en una "aspiradora" del tiempo libre si no tienes cuidado.

- Pero no les hagamos mala fama a las aspiradoras. No se crearon para absorber tiempo. ¿Sabías que se usan aspiradoras para fabricar focos, hacer experimentos científicos e incluso para cortar el cabello? Y, cuando las inventaron, el propósito original era secar el cabello. Imagina que alguien usara la aspiradora de la casa para peinarse todas las mañanas. ¡Qué espectáculo!

Capítulo 7

Los demás pueden hacer cosas GENIALES con su teléfono, ¡y tú también!

Ya has escuchado todo sobre la GRAN responsabilidad que es tener un teléfono. Tus padres te lo recordarán todo el tiempo. Pero tener un teléfono inteligente es más que una GRAN responsabilidad, y esta no es la misma cantinela de todos los días. Ya sabes que es muy útil, emocionante y divertido. ¿Y qué es lo más espectacular del teléfono? Que tu familia te lo dio porque demostraste que eres responsable. Confían en ti. Eso es genial y significa que estás madurando y convirtiéndote en una persona maravillosa.

Con tu teléfono inteligente, puedes aprender sobre cosas que jamás imaginaste. Puedes hacer nuevos amigos y llevar las viejas amistades a otra dimensión. Puedes dar con formas de ser creativo y zonzo a la vez. ¡O creativo y serio!

GENIAL

Algunos chicos geniales

¿Sabías que Marley Dias empezó a usar en Twitter la etiqueta *#1000BlackGirlBooks* para difundir libros protagonizados por niñas negras? Greta Thunberg usó internet para organizar su movimiento Viernes por el Futuro, en el que niños y adolescentes de todo el mundo protestan para que se tomen medidas más contundentes contra el cambio climático. Nicholas Lowinger creó el sitio web *Gotta Have Sole,* en el que procura que todos los niños tengan calzado. Y Bana al-Abed usa Twitter para mostrar cómo es la niñez hoy en día en Siria.

Todos estos chicos y chicas encontraron usos importantes e inspiradores para sus teléfonos, y tú también puedes hacerlo.

Jane: Mi grupo juvenil se organizó en internet y ahora leemos libros a niños.

Jamal: ¡Qué bueno! ¡Una genialidad muy genial!

Jane: Tú siempre tan elocuente.

Jamal: ¿Te enteraste de que Farhad creó un sitio web con el teléfono y vende jabones para juntar dinero para el banco de alimentos?

Jane: ¡Sí! Mi familia compró algunos. También vi que Grace y Ellie organizaron una limpieza del arroyo; grabaron videos con el teléfono y los publicaron en internet para crear conciencia.

Jamal: ¡Genialísimo!

Ahora ya sabe cómo enviarles ese mensaje a sus nietos.

Ayudar a los demás es genial

No necesitas un teléfono para hacer cosas geniales. Ya lo sabes. Pero los teléfonos pueden facilitarlo. Y pueden ayudarte a elevar tu genialidad a otros niveles.

Algo fabuloso que puedes hacer con el teléfono es ayudar a los demás.

En primer lugar, piensa a QUIÉNES te gustaría ayudar. ¿Te interesa ayudar a perritos o iguanas? ¿A otros chicos? Tal vez quieras combatir el acoso escolar o ayudar a la escuela a juntar dinero para una excursión. ¿Te gusta leer? ¿Te gustan las matemáticas? Tal vez puedes ayudar a otros chicos a hacer la tarea de matemáticas. Usa tu teléfono para investigar distintas causas y piensa qué te gusta y qué te interesa realmente.

En segundo lugar, piensa CÓMO te gustaría ayudar. ¿Tu comunidad religiosa necesita ayuda para diseñar un sitio web? ¿Un sitio de noticias del vecindario necesita que alguien tome fotos en los partidos de fútbol? ¿Tu profesor de piano necesita que alguien grabe las prácticas para compartirlas con otras personas en internet? Todas estas son formas fáciles, seguras y apropiadas de usar el teléfono para ayudar a otros.

La creatividad es genial

Si lo tuyo va más por el lado de la creatividad, con el teléfono puedes crear contenido para ti o para compartir. Tal vez te entusiasma la fotografía. En ese caso, tu teléfono probablemente tenga una cámara muy buena, y en la tienda de aplicaciones encontrarás aplicaciones baratas o gratuitas para editar fotos. Puedes buscar tutoriales en YouTube. ¡Probar no cuesta nada!

Estas son otras formas de expresar la creatividad con el teléfono:

- Graba un video de baile con tus amigos.

- Organiza una búsqueda del tesoro en la que todos deban tomar una foto de los elementos de la lista, como un abeto, una obra de arte, un pato, una pirámide humana formada por tres amigos, etcétera.

- Graba un pódcast en el que hables sobre algo que te apasione o que sea importante para ti. Puedes publicarlo... ¡o no! Tú decides.

- Haz un dibujo en una aplicación de mapas registrando tu caminata por el vecindario. Fíjate si puedes formar la silueta de un gatito o de un emoji de popó.

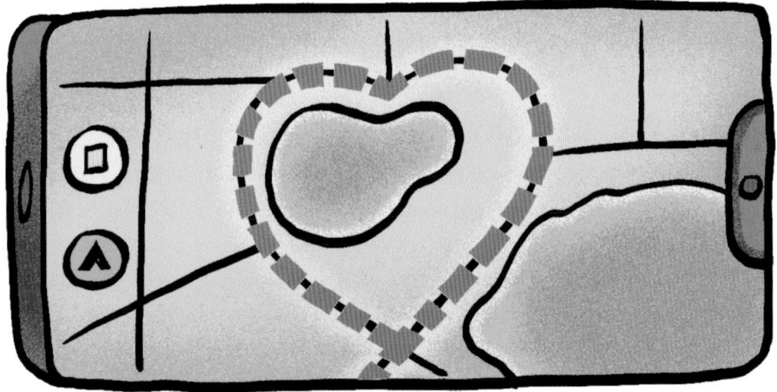

- Crea una canción con una aplicación de música o grábate tocando la guitarra.

- Crea un blog de fotos sobre un tema que te interese.

Probablemente se te ocurran millones de ideas más. Piensa qué te interesa, qué te gustaría crear y cómo te puede ayudar el teléfono a lograrlo.

Pídele ayuda a ese adulto de confianza

Busca al adulto con quien has hablado sobre algunas cosas importantes a lo largo de este libro. Puedes pedirle que te dé ideas sobre cómo ser genial. Tal vez te cuente sobre algo interesante, divertido o útil que hizo cuando era joven. Quizá se le ocurra cómo usar el teléfono para hacer lo mismo, pero todavía mejor.

O tal vez ha oído hablar sobre otros chicos que hacen cosas apasionantes con el teléfono. De ser así, esas ideas pueden servirte de inspiración para hacer algo parecido. ¡Ey!, quizá el adulto también quiera hacer algo genial contigo.

Algún día, un chico le preguntará a su mamá o a su papá si sabe de algún otro chico que haga cosas geniales, y tal vez ese chico genial seas TÚ.

Datos extra

- Los niños y los adolescentes son muy importantes para cambiar el mundo. Puedes usar el teléfono para hacer cosas fantásticas. Este capítulo tiene varias sugerencias, pero seguro se te ocurren tus propias ideas. Lo importante es que el teléfono es una herramienta excelente para desplegar la creatividad y difundir mensajes positivos. ¡Tú eres genial y usas el teléfono genialmente!
- Tu teléfono puede ayudarte con varios pasatiempos. Con una aplicación de biblioteca digital, puedes llevar decenas de libros contigo a donde vayas. Las aplicaciones de mapas te orientan en las caminatas y otros viajes. Hay aplicaciones para contar cuentos, hacer ejercicio, observar los astros, aprender geografía y seguir deportes; algunas son sobre senderos naturales, jardinería, dibujo y fotografía; otras ayudan a hacer pódcasts, música y videos... Ya te haces una idea.
- Recuerda que tu teléfono también sirve para mantenerte a salvo y avisarles a tus padres dónde estás. Si tu mamá quiere que le des señales de vida, dáselas. Si tu papá te llama, atiende el teléfono.

Recursos

El estrés te altera de pies a cabeza de Trevor Romain y Elizabeth Verdick. Free Spirit Publishing, 2024.

Los infames clanes y otras falsedades de Trevor Romain y Elizabeth Verdick. Free Spirit Publishing, 2024.

KidsHealth: Seguridad en línea https://kidshealth.org/es/kids/online-id.html

Safe Search Kids: A Teen's Guide to Social Media Safety safesearchkids.com/a-teens-guide-to-social-media-safety

Smartphone Movies (Make It!) de Ray Reyes. Rourke Educational Media, 2018.

Stand Up to Bullying! (Upstanders to the Rescue!) de Phyllis Kaufman Goodstein y Elizabeth Verdick. Free Spirit Publishing, 2014.

Surviving Social Media: Shut Down the Haters de Eric Braun. Compass Point Books, 2020.

Teléfonos celulares e inteligentes: una historia gráfica de Blake Hoena. Graphic Universe, 2023.

Índice

Acerca de las autoras y el ilustrador

Elizabeth Englander es profesora universitaria y hace más de 25 años que se dedica a la investigación y a buscar maneras de que los niños y adolescentes sean más felices, estén menos preocupados y hagan más amigos a medida que crecen. Ha escrito ocho libros y unos cien artículos técnicos (muy de cerebrito) en revistas de investigación. Le gusta escribir, montar en bici y usar herramientas eléctricas muy ruidosas. Tiene un marido igual de cerebrito que ella y tres hijos. Vive en Boston, Massachusetts.

Katharine Covino es profesora universitaria y enseña a los maestros cómo enseñar. Hace casi 20 años que se dedica a la docencia. Le interesa buscar maneras de ayudar a los maestros jóvenes que recién empiezan su carrera. También escribe sobre su trabajo de hacer preguntas interesantes y difíciles a niños y adolescentes. Cree que todos los estudiantes deben tener la posibilidad de verse reflejados en los libros y las historias que leen. Cuando no está enseñando o escribiendo, intenta seguirles el ritmo a sus hijos. No importa cuánto se esfuerce: ellos siempre son más rápidos, ya sea cuando nadan, hacen senderismo o esquían. También intenta hacerlos reír y, a veces, lo logra. Katherine vive cerca de Boston, Massachusetts.

Steve Mark es ilustrador independiente y también trabaja parte del tiempo como titiritero. Vive en Minnesota, está casado y es padre de tres hijos. Steve ha ilustrado muchos libros infantiles, incluidos todos los libros de la serie Laugh & Learn® y de la serie Little Laugh & Learn™ para niños más pequeños.

Para conocer más títulos de la serie Laugh & Learn ® de Free Spirit, visite freespirit.com.